언어의 뜰

언어의 뜰
따뜻함과 솔직함으로 피어나는 말의 화원

초 판 1쇄 2025년 11월 12일

지은이 심규형
펴낸이 류종렬
일러스트 윤여강

펴낸곳 미다스북스
본부장 임종익
편집장 이다경, 김가영
디자인 임인영, 윤가희
책임진행 안채원, 이예나, 김요섭, 김은진, 국소리

등록 2001년 3월 21일 제2001-000040호
주소 서울시 마포구 양화로 133 서교타워 711호
전화 02) 322-7802~3
팩스 02) 6007-1845
블로그 http://blog.naver.com/midasbooks
전자주소 midasbooks@hanmail.net
페이스북 https://www.facebook.com/midasbooks425
인스타그램 https://www.instagram.com/midasbooks

© 심규형, 미다스북스 2025, *Printed in Korea*.

ISBN 979-11-7355-590-9 03810

값 18,000원

※ 파본은 본사나 구입하신 서점에서 교환해드립니다.
※ 이 책에 실린 모든 콘텐츠는 미다스북스가 저작권자와의 계약에 따라 발행한 것이므로 인용하시거나 참고하실 경우 반드시 본사의 허락을 받으셔야 합니다.

미다스북스는 다음세대에게 필요한 지혜와 교양을 생각합니다.

언어의 뜰

따뜻함과 솔직함으로 피어나는 말의 화원

심규형 지음

008 작가의 말

1장
청춘의 기억

- 013 사춘기
- 016 추파를 던지다
- 017 꽃다운 그대 방년
- 020 연두
- 022 회자되다
- 024 조미료
- 026 나 그대와 백년해로하리라
- 028 참신하다
- 030 관용을 베풀다
- 034 서식하다
- 036 가장 젊은날, 소싯적
- 038 뇌쇄적이다
- 041 나는 당신께 인사드립니다
- 044 어둠이 가장 짙을 때 여명은 밝아온다

2장
다정한 안부

- 049 여정
- 052 나는 너의 안부를 묻고 너는 나의 행복을 바랐다
- 054 스승과 사단장
- 058 독불장군은 없어요
- 060 인연
- 064 필연보다 강한 우연
- 066 요기요
- 068 마각이 드러나다
- 070 일요일은 해가 빛나는 날
- 074 부끄러움을 살피다
- 078 상사병
- 081 미안하다 말할까? 죄송하다 할까?
- 084 자상하다
- 086 기침하셨습니까?

3장
인생의 압권

- 091 월동
- 094 눌변과 미사여구
- 098 압권이다
- 100 짝
- 101 술 한 잔 안주 세 점
- 104 건배
- 106 부러움의 끝은 어디일까?
- 110 인생의 기로에 서다
- 112 서거하다
- 114 그의 화려한 여성 편력
- 118 미래의 색이 푸른 이유
- 120 점심
- 121 사이비와 짝퉁
- 124 조조할인, 유비는?

4장
지혜의 깊이

- 131 염병이 욕이 된 이유
- 135 물 흐르듯 자연스러운 법
- 138 긍정이라고 읽는다
- 142 불한당과 건달
- 145 허락을 면하노라
- 148 푸른 봄의 만끽, 이팔청춘
- 152 당신의 이름은?
- 156 내가 밟아 온 길, 이력
- 159 유혹 매혹 고혹으로 홀리다
- 162 추잡하다
- 164 조예가 깊다
- 168 백수와 백수의 꿈
- 172 가슴에 칼 하나
- 173 밥과 반찬

작가의 말

중2병이라는 말이 참 거슬렸다.
아이들의 사춘기를 병이라고 희화화하고 옆으로 슬쩍 밀어 넣는 부모들의 모습에서 일종의 방관과 어떻게 해야 할지 모르는 당혹감이 동시에 보였다.

사춘기를 겪고 있는 아이들은 매 순간이 힘겨운 싸움의 연속일 것이다. 그 과정을 묵묵히 걸어온 둘째 아이의 한마디가 묵직한 울림으로 다가왔다.
"아이들의 돌출행동은 사실은 구조요청이에요."

사춘기에 대해 새롭게 생각하게 된 계기였다. 말썽에 비해 이름은 참 예뻤다.
思.春.期

언어 속에 담긴 깊은 뜻이 있지 않을까? 그 의미를 알고 나면 세상은 새롭게 보일 것만 같았다. 그렇게 언어의 숨은 이야기를 찾아

나선 여행이 시작되었다.

포스트잇 한 장 떼어내듯 언어에 감춰진 의미를 들추어 보았다. 언어는 그 대상의 본질을 담고 있었다. 삶의 철학이 언어로 바뀐 것이다.

언어를 만든 발상의 참신함은 한여름 소나기를 맞는 것처럼 시원하고 즐거웠다. 시간을 초월하여 그 언어를 만들었던 사람들과 끊임없는 대화를 나눴다. 삶에 대하여 때로는 죽음에 대하여 마치 필담을 나누듯 언어 속에 담긴 인생의 지혜를 전해 들었다.

언어에는 품격이 있다. 그것에 한 발 더 다가서게 되면 세상은 조금 더 여유롭고 아름다울 것이다.

2025년 여름에서 가을

심규형

일러두기
이 책에 실린 한자어 표기는 일관된 규칙을 따르기보다, 글의 흐름과 울림에 맞춰 자유롭게 배치되었습니다.
어떤 경우는 '봄 春'처럼 한자를 뒤에 두었고, 또 어떤 경우는 '가을(秋)'처럼 괄호를 활용했으며, 때로는 '宀 집 면'처럼 한자를 먼저 놓고 그 뜻을 이어 적기도 했습니다.
형식을 통일하기 위함이 아닌, 한자가 품은 결을 가장 자연스럽게 드러낼 수 있는 방식을 택한 의도입니다.

1장

청춘의 기억

나를 설레게 하는 것들, 3월의 햇살 사이로 연약한 잎사귀를 내미는 순수한 초록과 당신의 풋풋한 청춘 이야기. 예쁘다. 예쁘다. 예쁘다. 봄은 당신을 닮았다.

사춘기
思春期

사춘기는 참 설레는 단어입니다.
그 느낌에는 풋풋함이 있고 두근대는 심장이 있습니다.

思春期
생각할 사, 봄 춘, 기약할 기
봄을 생각하는 시절이라는 뜻이 됩니다.

이름도 잘 지었습니다.
봄은 싱숭생숭한 계절이니까
생기발랄한 청소년에게 딱 맞습니다.

봄 春에는
이성, 정욕, 사랑이라는 뜻이 들어 있습니다.
참 절묘하게 맞아 떨어집니다.
이성에 눈뜨는 나이니까요.

사춘기의 춘을 이성으로 풀이해 보면
'이성을 생각하는 나이'가 됩니다.

사랑일까?
무언지 모를 가슴 쿵 하는 감정이 찾아오는 날
세상은 전과 달라지고
많은 의문이 꼬리에 꼬리를 물어갑니다.

인생에 관하여, 사람에 대하여
삶과 죽음에 이르기까지
끝없이 질문을 하고 수많은 답을 찾아갑니다.

이러한 성찰의 시간은 때로는 격렬한 바람이 됩니다.
누구도 멈출 수 없는 폭풍이 몰아칩니다.
질풍노도라고 하지요.
거센 바람과 성난 파도처럼 좌충우돌하며
이리저리 부딪칩니다.
보는 이, 겪는 이
모두에게 아픈 시간입니다.

기다려 주어야 하고
더 많은 응원을
말없이 보내주어야 합니다.
사랑은 사랑을 이끌어내는 법이니까요.

방황의 끝은 멀리 있지 않습니다.
수많은 밤을 지새우며 나만의 철학의 시간을 보내세요.
꿈꾸는 것을 향해 나아가세요.
내가 가장 존중해 줘야 할 사람은
바로 나라는 것을 잊지 마세요.

응원합니다.
경계에 선
찬란한 사춘기의 당신을

추파를 던지다
秋波

봄의 강물은 싱그럽고
여름의 물살은 시원하며
가을의 물길은 은은하다.
푸른 하늘에서 내려온 햇살은 금방이라도 부서질 듯
수면 위를 퍼져나간다.

가을(秋)의 잔잔하고 아련한 물결(波)을 추파라고 한다.
한낮에는 눈부신 경이가
석양에는 낭만의 대서사시가 펼쳐진다.

이제 막 사랑을 시작한 사람이
그 사랑을 받아주길 원하는 이에게 보내는
격하지만 은근한 사랑의 물결
오늘도 그대에게 나의 진심을 담아 추파를 보낸다.

秋 가을 추
波 물결 파

꽃다운 그대 방년
芳年

20세 전후의 나이를 말합니다.
그 시기를 보내고 있는 젊은이를 바라보고 있자면
나도 모르게 입꼬리가 올라갑니다.

'아우라'라고 하나요?
그 나이에서만 발현되는 광채가 있습니다.
무엇을 입어도 예쁘고
어떤 것을 하면 그 기특함에 모두가 감탄을 합니다.
행동 하나하나에는 순수함이 묻어 있습니다.

아름다운 나이입니다.
그에 걸맞은 이름이 지어졌습니다.
꽃처럼 향기로운 시절이라는 芳年 방년입니다.

꽃다울 방 芳
해 년 年

당신의 향기를 세상이 기다리고 있습니다.

1장　청춘의 기억

연두
軟豆

초봄에 돋아나는 어린 잎사귀에는
보는 이의 가슴을 두근거리게 하는 싱그러움이 있다.

겨울이 미련을 버리지 못한 계절에
'이제는 우리의 세상이야.'라는 외침처럼
갈색의 메마른 나뭇가지 위로
깨알처럼 옹알거리는 생명의 초록을 피워낸다.

부드럽다의 연 軟
콩의 두 豆
어린 완두콩처럼
초록 중에서도 가장 순수한 초록빛, 軟豆

연두로 가득한 신록(新綠)의 세상
봄입니다.

회자되다
膾炙

미담은 수십 년이 지나도 회자된다는
말이 있습니다.

미담(美談)은 아름다운 이야기
회자(膾炙)는 회와 구운 고기를 뜻합니다.

미담이 회자된다는 말은
어떤 이야기가 아름답고 따뜻하여
회와 구운 고기처럼
오랫동안 사람들 입에 오르내린다는 의미입니다.

회 회 膾
구울 자 炙

추억은 자신의 내면에서 자주 회자됩니다.
소중한 사람들과 행복했던 기억이
감동을 주기 때문입니다.

마음을 움직인다는 뜻의 감동(感動)은
삶의 긍정 에너지가 됩니다.

꿈일 줄 알면서도 꿈꿔 봅니다.

감동으로 가득한 세상
따뜻한 이야기로 회자되는 우리의 삶을

조미료
調味料

아내는 절대 미각을 갖고 있나?
감칠맛, 구수한 맛, 매운맛,
몸이 부르르 떨리는 짜릿한 맛까지
어느 것 하나 못하는 것이 없다.

맛을 계량이라도 하는 것일까?
주문자가 원하는 단짠의 레벨을
밀리그램 단위로 맞춘다.
게다가 탄성(歎聲)을 자아내는
겉바속촉의 완벽한 탄성(彈性)까지.

아내의 마법 같은 요리의 비밀이 풀렸다.
주방 깊숙한 곳,
그 누구의 손길도 닿지 않는 곳에는
이 세상 모든 조미료가 감추어져 있었다.

調味料
조율할 조, 맛 미, 재료 료
음식의 맛을 조율해 주는 재료라는 뜻이다.

인생에도 희로애락을 조율해 주는 것이 있다.
취미, 여행, 예술, 친구, 문화, 스포츠….

그중에서도 나에게 삶의 활력을 주고
살아가는 이유가 되는 것은
그대와의 사랑이다.

나 그대와 백년해로하리라
百年偕老

사랑한다는 말 대신
그대와 백년을 해로하고 싶다고
말해 보는 것은 어떨까요?

함께 해 偕
늙을 로 老

함께 나이를 먹어가며 평생 사랑을 한다는 뜻입니다.
조금은 옛날 표현이지만
그 뜻을 알고 나면
이보다 더 로맨틱한 사랑의 고백은 또 없을 듯합니다.

만나고 헤어짐이 가벼워진 세상에서도
로미오와 줄리엣의 사랑 이야기가
시대를 뛰어넘어 연인들에게 추앙받는 이유는
죽음도 불사하는 애절한 사랑 때문일 거예요.

백년을 그대와 함께

이 생명 다하는 그날까지 사랑을 하겠다는 百年偕老

행복한 사랑입니다.

나의 연인이

누구보다 예쁘고 사랑스럽다는 고백입니다.

사랑의 콩깍지가 씌워지는 순간

아름다운 불치병에 빠진 것입니다.

사랑을 시작하는 연인에게 들려주고 싶은 언어

百.年.偕.老.

참신하다
斬新

새롭고 산뜻하다는 뜻입니다.
글자의 어원을 보면 무릎을 탁 치게 됩니다.
벨 참 斬과 새 신 新을 쓰는데
나뭇가지를 베어내면 새로운 싹이 나온다는 의미입니다.
누구일까요?
이렇게 참신한 생각을 언어로 만든 분이

새로운 것
크리에이티브
역발상
기존의 것을 뛰어넘고 틀을 깨는 것에서 나옵니다.

자연은 늘 그대로인 것 같지만
수백 수억 년 동안 끊임없이 진화해 왔습니다.
멈추지 않는 변화 속에 늘 혁신을 이끌어낸 것이지요.

잘라내면 새싹이 돋고

비우면 새로움이 들어차는 것

창의를 꿈꾸는 사람들에게 어울리는

斬新입니다.

관용을 베풀다
寬容

누구나 처음 살아가는 인생입니다.
나이를 먹으면 없을 줄 알았던
'처음 겪는 일'은 매번 찾아옵니다.
실수를 줄이려 노력을 하지만
때로는 돌이킬 수 없는 잘못을 저지르고 맙니다.
한 번뿐인 인생은
달콤샵벌쓴맛이 버무려진 무지개 사탕 같습니다.

당신이 나를 용서해 줬듯이
나 또한 타인의 잘못을 너그러이 넘기려 합니다.

寬 너그러울 관
容 얼굴 용

남의 잘못을 너그럽게 받아들이거나 용서한다는
관용입니다.

너그러울 寬은
宀 집 면, 艹 풀 초, 見 볼 견, · 점 주로 만들어졌는데
글자를 가만히 들여다보면 따뜻한 장면 하나가 떠오릅니다.

5월의 햇살 좋은 날
툇마루에 앉아 마당에 자라난 풀잎을 바라보고 있자면
마음 한 켠에 푸근한 인정의 점 하나가 돋아납니다.

너그럽다는 그런 마음이겠지요.

얼굴 容에
용서하다는 의미가 담겨 있는 것도 재밌습니다.

아끼는 사람이 큰 잘못을 저질렀습니다.
마음속으로 다짐을 합니다.
이번만큼은 절대 그냥 넘어가지 않겠다고.
시린 가슴과 뜨거운 분노를 삼키며 그를 만납니다.
애처로운 그의 얼굴과 글썽이는 눈망울을 보자
용서하지 않겠다는 굳은 다짐은 봄 눈 녹듯 사라집니다.
인정의 따사로움이겠지요.

寬容이 바람의 형태를 띠고 있다면
살랑살랑 머리칼을 간지럽히는 봄바람이겠지요.
오늘도 마음속 마당에 나와
양지바른 곳에 피어나는 풀 한 포기 바라보며
넉넉함을 배웁니다.

서식하다
棲息

서식은

일정한 곳에 터를 잡고 살아가는 것을 말합니다.

자신을 누군가에게 소개할 때

"어디에 서식하고 있는 아무개입니다."처럼

우스갯소리를 할 때도 있지요.

棲息. 서식은

깃들일 서, 숨쉴 식 글자를 씁니다.

棲의 조합이 심상치 않습니다.

木 + 妻

나무 목과 아내 처가 합쳐진 글자입니다.

이 세상에서 가장 평화롭고 포근하게 쉴 수 있는

안식처는 아내라는 뜻일까요?

부부의 연은 불가사의합니다.

피로 이어진 사랑보다 더 강렬합니다.

대가를 바라지도 않습니다.

조건도 달지 않고요.

남편은 아내를 위해 모든 것을 감당합니다.

아내는 남편을 위해 그녀의 전부를 헌신합니다.

그 모든 것이 기쁨입니다.

棲息.

두 글자에 담긴 의미가 새삼 간절하게 다가옵니다.

가장 젊은 날, 소싯적
少時적

지나간 어린 시절을 떠올리면 만족보다는 아쉬움이 큽니다.

그때의 한 달, 일 년이
성인이 되고 나서의 몇 년보다 값지다는 것을
인생이 무엇인지
어렴풋이 느낄 나이가 되어서야 알게 되었습니다.

어린 시절을 소싯적이라고 합니다.

한자로는 少時적이라고 쓰는데
적을 소, 때 시에 접미사 -적이 붙었습니다.

비슷한 말로는 往年 왕년이라는 표현이 있습니다.
갈 왕, 해 년을 씁니다.
"내가 말이야, 왕년에 한창 잘나갈 때는 말이지…"라며
너스레 떠는 것을 들은 적이 있을 거예요.

지나간 시절은 누구나 아쉬운 법입니다.
반가운 사실 하나는
오늘이 내 인생에서 가장 젊은 *少時*적이라는 것입니다.

나는 지금도 희끗희끗한 머리칼을 넘기며
책을 한 장 넘기고 있습니다.
내일의 나를 위한 선물을 준비 중입니다.

오늘,
여러분의 소싯적은 어떤가요?

뇌쇄적이다
惱殺的

아찔할 정도로 뇌쇄적인 여인이 있습니다.
가난한 소설가와 갱단 보스가 그녀를 두고
사랑에 빠졌습니다.

사랑은 나눠 가질 수 없는 법
두 남자는 목숨 건 결투를 펼칩니다.

얼마나 대단한 아름다움일까?
사랑을 위해 목숨까지 걸다니….
남자는 그런 사람들입니다.
사랑, 우정, 대의를 위해서라면
지옥의 불구덩이라도 망설임 없이 뛰어드는
순수한 감정의 존재.

결투는 일순간에 끝이 납니다.
두 발의 총성이 울리고 한 명만이 서 있습니다.
살아남은 자의 심장은 요동칩니다.

죽음을 이겨내고 차지한
사랑의 환희가 기다리고 있으니까요.

쇳물을 녹일 듯한
그녀의 붉은 입술에 키스할 겁니다.
숨이 멎을 것 같은 뜨거운 가슴에
죽은 듯 안겨 있을 겁니다.

惱殺的
성적 매력으로 이성을 애가 타도록 괴롭히는 것을
뇌쇄적이라고 합니다.

번뇌할 뇌 惱
빠를 쇄, 죽일 살 殺
과녁 적 的

당장 어떻게라도 하지 않으면 곧 죽을 듯한 고통을 주는
성적 매력은 어떤 흥분에 휩싸이는 것일까요?
담뱃불조차 붙이지 못할 떨림으로 가슴은 두근대고
스치면 폭발할 듯한 정욕으로
하루 종일 방아쇠가 당겨진 상태로 지낸다면

그곳은 분명 천당과 지옥의 경계겠지요.

뇌쇄적 아름다움은
그 강렬한 매력만큼이나 감당 못 할 아찔함이 있습니다.
쾌락을 조건으로 악마와 거래하기 위해서는
영혼을 송두리째 바쳐야 하는 것처럼

그렇다 하더라도
한 번쯤은 꿈꿔 봅니다.
죽어도 좋을
검붉고 짜릿한 사랑을

나는 당신께 인사드립니다
人事

누군가 가까이 오는 것은
그 사람의 감정이 다가오는 것입니다.
이러한 감정의 공명은 반가움, 고마움도 있겠지만
간혹 예기치 못한 어색함도 있습니다.
이럴 때 우리는 인사를 합니다.
좋은 감정도 불편한 감정도
한 번의 인사로 해소가 됩니다.

사람 인 人
일 사 事

사람이 사람과 살아가며 하는 일
인사입니다.

누군가 다가옵니다.
인사할까 말까 망설이다
모르는 사람인 척 딴청을 피우며 지나갑니다.

모면은 했지만 둘은 알고 있습니다.
아는 사람이었다는 것을
다음에 또 피해야 한다는 것을.

저 멀리 누군가 또 옵니다.
아직 인사할 거리가 안 되었는데도 준비를 합니다.
잇몸을 활짝 드러내고 그 사람을 반깁니다.
둘을 둘러싼 공기는 따뜻해집니다.
잇몸 인사를 받은 그의 하루는 행복으로 물듭니다.

인사가 쌓일수록
사람과 사람의 사이는 부드러워집니다.
순간을 기분 좋게 만듭니다.
힘들지 않은 인사의 힘입니다.

자신감 넘치는 사람이 인사도 잘합니다.

인사를 자주 하면
주변 모두가 친구가 되는 매직이 따라옵니다.
낯설음은 사라지고 편안함에 둘러싸입니다.
뜻하지 않은 난관에 부딪혔을 때

도움의 손길이 끊이지 않습니다.

人事, 사람의 일이
사람의 일상을 순탄으로 이끕니다.

안녕하세요.
사랑합니다.
반갑습니다.

나는 오늘도 인사를 합니다.

어둠이 가장 짙을 때 여명은 밝아온다
黎明

기나긴 어둠의 터널을 걷고 있습니다.
탈출구는 보이지 않고
해결책은 아무것도 듣지 않을 때
최후를 준비합니다.

'여명'의 뜻을 처음 알았을 때
머리를 스치고 지나가는 한 줄기의 울림

검을 려　黎
밝을 명　明

가장 짙은 어둠에 도달했을 때 비로소 빛이 찾아온다.

세상일이 그렇습니다.
밝음 속에 어둠이 깃들어 있고
칠흑의 어둠이 가득 찬 뒤에야 밝음이 시작됩니다.

인생이 그와 같기에

살아내야만 합니다.

2장

다정한 안부

당신의 하루가 궁금합니다. 누군가를 생각한다는 건 그의 행복을 바란다는 뜻. 멀리 있어도 늘 가까이 있는 것처럼, 영원한 당신의 편이 되겠습니다.

여정
旅程

나는 인생의 여정에서 어디쯤 왔을까?

旅程
나그네 려, 길 정

여정은 '나그네의 길'이라는 뜻이다.

나그네 旅는
깃발 㫃 아래 두 사람이 从 그려져 있다.

이 글자가 처음 만들어졌을 때에는
깃발을 들고 행군하는 군인을 뜻했다고 한다.
특전사 여단(旅團)에 나그네 려 旅가 들어간 이유이다.

먼 옛날 병사들의 삶은 얼마나 고달팠을까?
고향을 떠나 전쟁터로 가는 길
산을 넘고 강을 건너 수천 리를 걸어서

죽으러 가는 길

고단한 군인들의 삶으로부터
객지 생활을 하다는 뜻이 파생되었고
의미가 확장되어 '여행'과 '나그네'가 되었다.

여행이라는 단어 속에 설렘이 묻어나고
길을 나서기 전 막연한 두려움에 감싸이게 되는 것은
아득한 옛날
전쟁에 나섰던 어린 병사의 떨림이
내 안의 유전자에 남아 있어
원초적 본능으로 깨어나는 것이 아닐까?

지나온 길을 뒤돌아본다.
앞으로 걸아갈 여정을 내다본다.

두려움 속에 걸어왔을지라도
앞으로의 여정이 호락호락하지 않을지라도
다시 한번 가보자!
숨 호흡 깊게 들이마시고.

나는 너의 안부를 묻고
너는 나의 행복을 바랐다
安否

편안한가?
그러하지 아니한가?
누군가의 안부를 묻는다는 것은
누군가의 행복을 바란다는 것.

편안할 안 安
아니 부 否

이 두 글자가 만나
따뜻한 마음을 전하는 '安否'가 만들어졌다.

누군가를 위한 기도는 돌고 돌아 나에게 온다.
너의 행복을 바라는 일은
한참을 돌아 나의 행복으로 온다.

마음은 물과 같다.
따뜻함은 주변을 온화하게 하고
차가움은 서로를 얼어붙게 한다.

너의 안부를 묻는 것은 나의 행복을 묻는 일이다.

스승님과 사단장
師團長

따사로운 햇살이 가득한 언덕 위

스승님을 가운데 두고

제자들은 병풍처럼 둘러앉아 스승의 말씀을

경청하고 있다.

언덕 부 阜

두를 잡 帀이 합쳐진 글자

스승 사 師가 만들어진 배경이다.

나의 스승님은

교수 부임 첫해 첫 강의에서

불량한 학생을 강의실에서 쫓아낼 정도로

강직하고 곧으셨다.

쫓겨난 1호 학생이 나였음을 고백한다.

곧다는 것은 '정직하다'와 상통한다.

정직은 성품뿐만 아니라 강의에서도 나타났다.

완벽을 위해 부단히 노력하셨으리라.
좋은 의지는 선순환이 되었다.
최고의 인기 강좌는 따 놓은 당상이었고
스승님을 따르는 제자는 늘어만 갔다.

동서양을 대표하는 스승과 제자가 있다.
예수님과 십이사도,
공자님과 칠십이현이다.
칼 앞에서도 흔들리지 않는 믿음으로
스승과 제자는 이상향을 향해 함께 나아갔다.
믿음의 농도는 부모 자식의 그것만큼 농밀했다.

스승 사 師는
군대에서 가장 큰 부대의 이름에 붙었다.
육군 제○○사단

師團
스승 사, 둥글 단
사제지간의 흔들리지 않는 믿음으로 단단히 뭉친 곳

사즉생을 외치며
적진을 향해 뛰어드는 용기의 밑바탕은
서로에 대한 믿음이다.

스승과 사단장
이 두 단어를 보고 있으면
믿음이라는 순수 정신세계가 오버랩된다.

사단장의 師와
사부님의 師가 같은 것은
그 정신의 뿌리가 하나이기 때문이다.

2장 다정한 안부

독불장군은 없어요
獨不將軍

"저 사람은 독불장군 같아요."
독단적인 사람을 두고 흔히 하는 말이다.
무슨 장군일까?

글자를 파헤쳐 보았다.
홀로 독 獨
아니 불 不
장수 장 將
군사 군 軍

獨不將軍은 '혼자서는 장군이 될 수 없다.'는 뜻이다.
장군 명칭 중의 하나일 거라는 예상은 빗나갔다.

나이가 들어갈수록 고집이 세지는 사람이 있다.
벽을 두고 이야기하는 느낌을 받곤 한다.
그와 대화하기가 꺼려진다.
자연히 만남은 줄어들고 마음까지 멀어진다.

결국에는 잊히게 된다.

나이가 들었다는 것은
저마다 경험과 지식을 축적할 시간을 가졌다는 말이다.
노하우가 쌓인 것이다.
어떤 일을 처리하는 데 노하우는 상당한 능력을 발휘하지만
역기능도 존재한다.

자기 방식으로 해야만 옳다는 我執 아집이다.
아무리 좋은 의견도 받아들이려 하지 않는다.
아집과 아집이 만나는 경우도 있는데
십중팔구 싸움으로 끝난다.

노년에 접어든 선배님이 늘 하는 말씀이 있다.
나이 든 사람이 모임에 나가면
"지갑은 열고, 입은 닫아라."

*我執은 나만(我)의 고집(執)이라는 뜻이다.

인연
因緣

어디서 무엇을 하다 이제야 만나게 되었을까?

지구별에 태어난 나는
46억 년의 세월 속에서
지금 이순간을 살아가고 있다.

조금 일찍 세상에 나왔더라면
아인슈타인을 만날 수 있었겠지.
윤심덕의 〈사의 찬미〉를 넋 놓고 들을 수 있었겠지.

다큐멘터리 방송에 나오는
지구 반대편에도 사람들이 살고 있다.
그들의 삶과 나의 삶은 동시대를 걸어가지만
별개의 차원에 존재하는 것일까?
아무런 인연도 없이 서로의 생을 마감할 것이다.

이 글을 쓰고 있는
테이블 너머 여자와의 거리는 불과 80센티미터,
지구별 50억 사람 중
어떤 신비로 인해 그녀와 나는 이토록 가까이 앉아 있건만
행여 인연의 끈이라도 맺어질까 봐
서로를 인식하면서도 애써 외면하고 있다.

사람이 사람을 만나
각자의 인생 이야기를 함께 써나가는 것을
인연이라고 한다.
원하든 원하지 않든
새로운 인연의 싹은 삶의 여정 속에서 끊임없이 이어진다.

하늘의 별만큼 수많은 사람들 중에
어떤 계기로 너와 나는 인연을 맺게 되고
나는 너에게 마음을 열어준 것일까?

이렇게 좋은 너는
지금까지 어디서 무엇을 하다
이제사 나타난 것일까?

因緣

원인 인 因, 인연 연 緣

어떤 원인으로 보이지 않는 끈(糸)이 연결된다는 것

인연 중에는 차라리 맺지 않았어야 할 것도 있다.
골치 아픈 인연으로 고통을 받으면서도
그 줄을 끊어내지 못하는 것은 누구의 책임일까?

인연은 선악의 구별 없이 이어진다.
즐거운 인연이 있는 반면, 불쾌하고 나쁜 인연도 있다.
나의 인연이 아닌 것에 연연(戀戀)해하지 말자.

지구별의 나이에서 찰나의 순간 동안 빛나는 우리
좋은 것만
아름다운 것만
경이로운 것만 보며 살자.

필연보다 강한 우연
偶然

아무런 인과 관계없이
뜻하지 않게 일어나는 일을 우연이라고 한다.

우연히 찾아간 서점에서 옛사랑을 만나고,
내비게이션이 잘못 알려 준 동네에서 복권을 샀더니
1등에 당첨되는 것은 말로 설명하기 어려운 일이다.

필연은
必然이라고 쓴다. 반드시 필 必, 그럴 연 然
반드시 그렇게 된다는 뜻이다.

우연은 놀랍게도
짝 우 偶, 그럴 연 然이라고 쓴다.

偶然의
글자 구성을 알고 나서 한동안 고개를 갸웃했다.

짝은 우연히 만나는 것일까?

어느 날 낯선 길을 걷다 모퉁이를 돌면
눈부신 그대가 내 앞에 나타나리라.
그 순간 나의 심장은 백만 볼트의 전기에 통하리라.

사랑의 순간은 예측불가의 경이로움
한눈에 반하는 사랑은 운명처럼 찾아온다.
필연보다 강한 우연과 함께.

요기요
療飢

배고픔을 기 飢라고 한다.

허기 虛飢는 몹시 굶어 배 속이 비었다는 뜻이고
기갈 飢渴은 배고픔과 갈증을 동시에 느끼는 것
기근 飢饉은 흉년이 들어 먹을 것이 없는 굶주림이다.

虛飢, 飢渴, 飢饉에 공통으로 쓰이는 글자는
굶주릴 기 飢이다.

飢는
먹을 식 食
기미 기 几가 합쳐진 글자이다.
먹을 기미가 있어야 하는데 먹지 않고 있으니
배가 고프다는 뜻이다.

배고픔은 한 끼만 놓쳐도 꽤 고통스럽다.
한시바삐 치료를 해야 한다.

배고픔을 치료한다는 말이 있다.
요기라도 할래?의 요기

치료할 료 療
굶주릴 기 飢

療飢 요기는
시장기를 면할 정도로 조금 먹는 것을 말한다.
배가 부르지는 않겠지만
굶주림의 고통을 어느 정도 치료해 준다는 뜻이다.

마케팅 측면에서 보자면
네이밍을 그럴싸하게 잘한 브랜드가 있다.
요기요

마각이 드러나다
馬脚

'마각이 드러났다.'
말에서 전해지는 뉘앙스부터 음산하고 기괴하다.

마각은
마귀의 뿔인가?라고 짐작해 보았지만 완전 잘못 짚었다.

말 마 馬
다리 각 脚
말의 다리를 뜻한다.

옛날 어느 공연장에서 말의 다리로 분장한 사람이
실수로 자신의 모습을 보였다는 데서
마각이 드러나다는 말이 유래했다.

고사성어로는 마각노출 馬脚露出이라고 한다.
숨기고 있던 정체나 남몰래 꾸미던 못된 일이
발각되는 것을 말한다.

임금을 시해하고 반역을 꾀하려던
역적들의 마각이 만천하에 드러났다는 말처럼,
이 표현은 주로 부정적인 이미지로 쓰인다.

나쁜 의도는 아무리 숨겨도 언젠가는 들키게 된다.
구린 것은 감출 수가 없다.
보자기로 꽁꽁 싸매보았자 시간이 지날수록
그 일대는 악취로 진동을 한다.

거짓말도 그렇다. 언젠가는 들통이 난다.
순간을 모면하려 하지 말고 떳떳하게 인정하자.
태도가 그 사람의 됨됨이를 만든다.

일요일은 해가 빛나는 날
日曜日

우주는 무엇일까?

일주일을 관장하는 일곱 개의 별과 행성이 있다.
해와 달, 화성과 수성, 목성과 금성, 토성이
그 주인공이다.

해와 달은 낮과 밤의 빛이 된다.
화성은 불을 상징하고
수성은 물, 목성은 나무를 의미한다.
금성은 쇠, 토성은 흙의 기운이 서려 있다고 한다.
만물의 본질이 모두 여기에 있다.

자연의 근원이 되는 별과 행성이
우리의 삶을 하루씩 돌봐준다고 하니
참 다행이다 싶고 조화롭다 싶다.

태양이 있어 불이 피어나고 인류는 그 따스함에 감싸인다.
달은 원초적 신비로움으로
조수간만의 조화를 만들어내는 태고의 어머니다.
물은 생명의 원천, 흙은 삶의 터전이다.
나무는 자연의 싱싱함을 유지하며 쇠는 문명을 창조한다.

내가 태어난 이유
내가 살아가는 이유
내가 자연으로 돌아가는 이유를 알 것 같다.

일곱 가지 기운으로 만들어진 나
일곱 가지 기운으로 돌아갈 나

일곱 개의 기운에
'빛나는 날'이라는 뜻의 요일이 붙어
월화수목금토일이 되었다.

빛날 요 曜
날 일 日

월요일은 달이 빛나는 날

수요일은 물이 빛나는 날

일요일은 태양이 빛나는 날이다.

나는 목요일에 태어났다.

나무의 기운이 들어차 있을 것이다.

푸른 하늘을 도화지 삼아 햇살을 받아 반짝이는 나뭇잎에

넋을 놓고 바라보는 이유가 그 때문이리라.

일주일의 하루는 당신이 태어난 날

누구보다 밝게 빛나는 주인공은 바로 당신이다.

부끄러움을 살피다
廉恥

자존심은 어디로부터 올까?

뻔뻔한 사람을 철면피 鐵面皮라고 한다.
쇠 철, 얼굴 면, 가죽 피
얼굴에 철판 깐 사람이다.
아무리 부끄러운 짓을 해도 창피함이 없다.

창피 猖披라는 말은
밑바닥이 다 드러나서 미쳐 날뛸 정도로
부끄럽다는 뜻이다.
미쳐 날뛸 창 猖, 헤칠 피 披

우리 주변에는 철면피 같은 사람들이 있다.
못난 짓, 영악한 짓, 부끄러운 짓을 저지르고도
양심의 가책을 느끼지 못하고 되려 떳떳하다.
그들을 보고 있자면 내 얼굴이 더 화끈거린다.
소시오패스라고 하던가?

자신의 이익을 위해서 남을 이용하는 것에
아무런 죄의식을 느끼지 못하는 사람을

염치가 없기 때문이다.

廉恥
살필 염, 부끄러울 치
부끄러움을 살핀다는 염치

창피함은 본인의 마음속에 가장 먼저 찾아온다.
누가 보기 전에 자신이 먼저 부끄러움을 느껴
그 못난 행동을 하지 않도록 한다.
염치는 사람으로 태어나 인간답게 살아가도록 지켜주는
마음의 수문장인 셈이다.

다른 사람은 다 속여도
자신만은 속이지 못하는 것은 염치가 있기 때문이다.

염치는 순수해서 금세 물든다.
몇 번 꺾이다 보면 정화 작용을 잃어버린다.
파렴치(破廉恥)하다는 염치가 깨졌다는 것이다.

지위가 높거나
학식이 뛰어나거나
재산이 아무리 많아도
부끄러움을 모르고 살아가는 사람들을 보면
불쌍할 뿐이다.

스스로 자기를 존중하는 마음을 자존심 自尊心 이라 한다.
나의 자존심은 떳떳함에서 온다.
자존심은 남에게 맞서 나의 체면을 세우는 것이 아니다.
마음 한구석에 자리 잡고 있는 수많은 유혹으로부터
나를 지키는 것이다.

나에게 당당해야 한다.
거울 속에 비친 나의 눈을 똑바로 볼 수 있어야 한다.

염치 廉恥 는 자존심을 지키는 출발선이다.

상사병
相思病

'瞬間' 순간은
눈 깜짝이는 시간을 말한다.

지하철 플랫폼 건너편의 그녀와
사랑에 빠지는 데 필요한 시간은 단 일순간이었다.

사랑은 가슴이 하는 일이라고 했던가?
처음 본 사람과 사랑에 빠지다니
합리를, 논리를, 이유를 찾아서는 안 된다.
본능이 시키는 대로 빠져들 수밖에 없는 것이니.

이름도 모르고
어느 곳에 사는지도 모르는 사람과
사랑에 빠질 것이라고는 상상도 못했다.

하루가 지나고
또 하루가 흘러도

그녀의 생각은 사라지지 않았다.

하루에 한 번 떠오르던 그녀의 얼굴이
매시간 매 순간 차올랐다.

미쳤나 싶었다.
누군지 모를 사람과의 사랑은 차라리 저주에 가까웠다.

상사병에 걸린 것이다.
사랑이 이루어져야만 고쳐진다니
얼마나 치명적이고 낭만적인가?

相思病
서로 상, 생각 사, 병 병

상사병의 진단서를 끊자면
'상대방을 죽도록 생각하는 병'쯤 된다.

상사병에 걸린 그 남자는 어떻게 되었을까?
그에게 있어서는
이 세상 가장 아름다운 그녀를 만나

달콤한 사랑 이야기를 써 내려갔을까?
나의 첫사랑이 생각나는 이 밤이다.
와인 한 잔과 함께

미안하다 말할까? 죄송하다 할까?
未安, 罪悚

아니다의 未 미와 편안하다의 安 안이 합쳐져서
미안하다는 말이 생겨났다.
어떤 일이 일어난 것에 너도 불쾌했겠지만
나 또한 편안하지 않다는 뜻이다.

누가 잘못했는지 석연치는 않지만
내가 먼저 사과의 손을 내민다는 것
커다란 결례가 아니라면
'미안하다' 정도의 사과로 충분하다.

죄송하다는 말에는 무게가 있다.
허물이라는 뜻의 罪 죄에 두려울 悚 송이 붙었다.
죄를 지어 두려움에 떨고 있다는 뜻이다.

잘못은 전적으로 나에게 있으므로
모든 것을 책임지고 벌을 달게 받겠다는 의미가 된다.
깨끗한 인정이다.

관용을 베풀지 아니할 수 없는 사죄이다.

때로는 알량한 자존심을 지키기 위해
실수를 인정해야 할 때 도리어 버티는 경우가 있다.
보는 눈살이 찌푸려진다.

자존심이 과연 그런 것일까?
자신은 알 것이다.
어디서부터 잘못된 것인지.
양심은 소리 친다.
'우리가 잘못한 거야, 용서를 구해.'

내면의 소리를 들어야 할 때
외면을 거듭하는 불행이 지속되면
일말의 자존심은 아이스크림처럼 녹아내리고
결국은 하찮은 사람이 된다.
자기 손으로 자신의 존귀함을 무너뜨린 것이다.

미안한 일이 있으면 미안하다고,
죄송한 짓을 했으면 죄송하다고 하자.
깨끗한 승복은 멋지다.

조심해야 할 것 하나,
미안하다면 족할 것을 죄송하다고 굽신대지는 말자.
비굴과 용기는 다르니까.

마음이 넓은 사람이 사과의 말도 잘한다.
자신감으로 가득 찬 사람이니까.
겁나는 것이 없는 사람이니까.

자상하다
仔詳

자상하다는 자세하고, 자세하다는 말이다.
무엇이 그리 자세해야 할까?

仔詳
자세할 자, 자세할 상이라고 쓴다.

자세할 仔는
아이 子 옆에 사람 人이 있다.

어린아이가 커갈 때에는
이 세상 마주치는 모든 것이 처음 겪는 일이다.
모를 수밖에, 궁금할 수밖에 없다.
질문이 많은 것은 똑똑하다는 방증이다.
세상은 신기함으로 가득한 것이니
아니 그러하지 아니한가.

나는 조금 더 자상해야 했었다.

차근차근, 천천히,
되도록 아주 쉽게 이야기해 주었으면 좋았을 텐데.

"이 녀석 이것도 모르다니."
화를 삼키며 가르쳐 주었을 때
아이도 그것을 알았을 것이다.

더 존중해 주었어야 했다.
그 이치를 다 늙어가는 이 나이에 알게 되다니….
인생은 쉽지 않다.

젊은 아빠들은 잘할 것이다.
우리 세대보다 더 세심하고 친절하고 따뜻할 것이다.

나쁜 부모가 있을 뿐 나쁜 아이는 없다.
순수한 생명으로 태어나
어떤 공기를 마시며 자라느냐에 따라
아이의 색깔은 달라진다.

仔詳하다는 말이
새삼 울컥으로 다가오는 토요일 오후

기침하셨습니까?
起寢

사극 드라마를 보면
이른 아침 부모님의 거처 밖에서
이렇게 인사를 합니다.

"아버님, 기침하셨습니까?"
"에헴, 그래 밤새 별고 없었느냐?"
참 다정한 모습이 아닐 수 없습니다.

'기침하다'
공기가 차가운 이른 아침에 오고가는 인사이다 보니
이 말은 콜록콜록하는 기침으로 오해를 많이 받습니다.

그런데 진짜 뜻은
'잠에서 일어나다.' 입니다.

起寢
일어날 기, 잠잘 침

눈을 뜨자마자
우리 조상님들이 가장 걱정했던 것은
연로하신 부모님의 밤새 안녕과 건강이었습니다.

이 글을 쓰면서도 지금의 나를 돌아보면
정성의 모자람과 성의 없음에 얼굴이 뜨거워집니다.

"기침하셨습니까?"
인간관계의 원초적 본능을 다시 한 번 되돌아보게 하는
맘 편하지 않은 언어 *起寢*입니다.

*寢의 대표적 단어로는 침대(寢臺)가 있습니다.

3장

인생의 압권

파도처럼 밀려온다. 미래의 색을 푸르게 바꿀 나의 전성기. 강렬함과 섬세함으로 세상을 찬란히 압도하리라. 내 삶을 송두리째 흔들 것이다.

월동
越冬

越(월)은 뛰어넘다, 초월하다는 뜻이 있습니다.

越冬
넘을 월, 겨울 동
'겨울을 넘다'입니다.

이 말은 단순한 계절의 변화가 아닌
척박한 시련의 시간을 살아 넘긴다는 뜻이 강합니다.

주거 환경이 열악한 예전에는
겨울을 맞이하는 것이 상상도 못 할 큰일이었을 겁니다.
얼어 죽지 않기 위해
온 가족은 부지런히 땔감을 모아야 했습니다.
굶어 죽지 않기 위해
먹을거리가 되는 것은 무엇이든 허투루 버리지 않고
차곡차곡 쌓아두어야 했습니다.

사랑하는 가족을
겨울의 가혹함으로부터 지켜 내어
생명이 시작되는 봄으로 넘겨주는 것을
越冬 월동이라고 했습니다.

인생에서 겨울은 언제일까요?
봄 여름 가을 겨울이 돌고 돌 듯이
우리의 인생도 사계절의 순환이지 않을까요.

저는 지금 50대의 한 주기를 살아가고 있습니다.
이제 곧 다가올 겨울을 대비하려 합니다.

조금 더 예리하게 다듬을 것입니다.
무뎌진 날은 세우고
세월에 뜯겨나간 부분은 채워 넣을 것입니다.

그렇게 50대의 겨울을 무사히 넘긴다면
꽃길이 펼쳐진 60대가 찾아올 것입니다.
아! 60대의 봄이라니.
생각만 해도 가슴 벅차오릅니다.

Bravo my life

눌변과 미사여구
訥辯, 美辭麗句

글쓰기는 어렵습니다.
생각이 정리가 안 되었을 때는 여지없이 장황해지고
좋은 말을 끌어다 붙입니다.
미사여구 美辭麗句라고 하지요.

아름다운 말 美辭와 고운 글귀 麗句를 붙이다 보면
처음의 의도는 어디로 가고
누가 글을 쓰고 있는지 모를 지경이 됩니다.

이럴 때는 과감히 지워야 합니다.
싹둑 잘라내고 나면
멋진 말에 빠져 허우적대던 자신을 발견하곤 합니다.

굉장히 똑똑한 사람 중에는 눌변인 사람이 더러 있습니다.
눌변은 서툴게 말을 더듬는 것을 뜻합니다.

訥辯

말 더듬을 눌, 말씀 변

말을 더듬는 데는 이런 이유도 있다고 합니다.

무엇을 이야기하려면
수많은 지식이 한꺼번에 쏟아져 나와
그것을 조리 있게 정리하는 데
시간이 걸린다는 것이 한 가지 이유이고
또 하나는, 말을 하는 도중에도
자신의 말에 어떤 오류가 있는지
순간적으로 검증을 하기 때문이라고 합니다.

청산유수의 달변가보다
군자의 눌변이 마음에 와닿습니다.

나이가 들어감에 따라 알게 된 사실,
지금까지 내가 좋아했던 분들은
내 이야기를 많이 들어 준 사람들이었습니다.
이제는 나의 차례라고 생각합니다.

말하기보다 듣는 것을 즐기며

설득하기보다 이해하려는 사람이 되자.

사랑하는 이에게 요구하기보다는

사랑하는 이의 마음을 채워주는 남자가 되자.

*아름다울 미 美, 말씀 사 辭, 고울 려 麗, 글귀 구 句

압권이다
壓卷

날이 저물고
과거 시험이 끝났다.

편전 중앙 탁자에는
출신과 이름이 가려진 답안지가 수북이 쌓여 있다.
임금은 기쁜 마음으로 답안지를 일일이 읽었다.
힘들지 않았다.
나라를 부강하게 하고 백성을 배부르게 할
인재를 얻는 일이었으니까.

오랜 시간이 흐른 후
임금은 하나를 들어 책상 맨 위에 올려놓고 나갔다.
가장 뛰어난 답안지를 다른 것들 위에 얹어두는 것을
압권이라고 한다.

누를 압 壓
책 권 卷

1등이 모든 것을 누른다는 뜻

맨 위에 올려진 답안지는 다른 것들을 압권 함으로써
그해의 장원이 되는 것이다.

압권이라는 말은 오늘날에도 다양하게 쓰이고 있다.
"도입부의 정경 묘사는 그 소설의 압권으로 뽑힌다."
"적을 물리치고 연인을 구하는 장면은 압권이다."

내 인생의 압권은 언제였을까?
전율의 각인이 뚜렷이 남겨져 있으리라.

그 무엇도 떠오르지 않는다면
아직 도래하지 않았다는 것이다.

기다리지 말자.
인생의 압권을 만들어내자.
강렬한 충격으로 내 삶을 송두리째 흔들 그날을 위해
멈추지 말자.

짝

配偶者

짝의 어감에는 각별함이 있다.
'가깝다'라고 말하는 것으로는 부족하다.

나보다 더 소중한 것
소중하기 때문에 나보다 우선
너를 위해서는 무조건
그런 네 생각에 가끔 주책맞게 눈물이 난다.

짝을 두 번이나 사용한 글자가 있다.

배우자
配偶者
짝 배, 짝 우, 사람 자

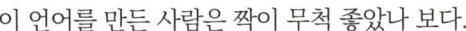

이 언어를 만든 사람은 짝이 무척 좋았나 보다.

나의 짝에게 살짝 미안해진다.
조금 더 분발해야겠다.

술 한 잔 안주 세 점
按酒

소주 한 잔 부어 놓고
보글보글 찌개가 끓는 것을 보면
입안에 군침이 돕니다.

소주잔을 가볍게 들어 올려
목구멍 속으로 '탁' 하고
털어넣습니다.

아, 그 짜릿함이란.

알코올의 급습을 당한
그녀의 얼굴은 살짝 일그러지는데
왜 또 그렇게 예뻐 보일까요.

두 잔만 더 마시고 사랑을 고백해 보겠습니다.
알코올의 힘을 빌리지 않고서는
도저히 견디기 힘든 밤입니다.

按酒

누를 안, 술 주

술을 눌러 준다는 뜻입니다.
솟아오르려는 알코올의 힘을 진정시켜서
즐겁고 편안한 술자리를 만들어 줍니다.

신혼 초
장인어른께서 해 주신 말씀이 떠오릅니다.
"사위야, 술 한 잔에 안주 세 점을 먹으면
속이 든든해서 실수를 줄일 수 있단다."

태양이 노을을 붉게 색칠하는 시간이 되면
주점의 등불이 하나둘 켜집니다.

불치의 결정장애를 갖고 있는 나는
오늘도 무얼 먹을까를 고민하며 동료와 함께
술집으로 진격합니다.
군침이 도는 경쾌한 발걸음을 울리며

*按의 대표적 단어로 안마(按摩)가 있습니다.

건배
乾杯

술 마실 때
가장 많이 하는 행동 중의 하나가
건배를 외치는 것입니다.

乾杯
하늘 건, 잔 배 글자를 씁니다.

건배는 잔에 채워진 술을 비우자는 뜻입니다.

하늘 乾에는
'마르다'와 '건조하다'의 의미가 들어 있기 때문입니다.

기분이 좋아서 건배
우정을 위해 건배
상급자의 눈에 들기 위해 건배
독살하기 위해서 건배

오늘도 지구별 여기저기에서는
저마다의 기쁨과 소망, 위안을 위하여
건배가 울려 퍼집니다.

그렇다면 나는 로또를 위하여
건배, 간빠이, 치어스!

부러움의 끝은 어디일까?
羨望

양꼬치에 맥주 한 잔
생각만 해도 침이 꼴깍 넘어간다.

이와 비슷한 맥락으로 만들어진 글자가 있다.
부러워할 선 羨이다.
양(羊)을 보고 침(次)을 흘린다는 뜻이다.
羊 + 次 = 羨
수학 공식처럼 쉽다.

그 발상이 유쾌하다.
언어의 탄생 과정은 근엄할 것만 같았는데
이렇게나 유머러스하고 적나라할 줄이야….
친근한 인간미가 느껴진다.

부러워할 선 羨에 바랄 망 望이 붙어
무엇을 부러워하여 그와 같이 되기를 바란다는 뜻의
선망 羨望이 되었다.

선망은 두 가지 마음으로 나타난다.
사치를 향한 끝없는 부러움과
꿈을 실현하기 위한 롤 모델로 삼는 것이다.

친구가 비싼 차를 산다.
으리으리한 집으로 이사를 한다.
겉으로는 축하를 하지만 속으로는 약이 오른다.
못난 부러움이 승부욕을 부채질한다.
지지 않기 위해서 무리에 무리를 거듭한다.

친구의 차보다 더 비싸야 하고,
집은 더 넓고 부촌에 있어야 성에 찼다.

나름대로 잘 살고 있는 인생일 텐데
굳이 남과 비교하며 살아야 할까?
나는 나, 너는 너
행복의 가치관이 다르기에
삶의 우선 순위도 다르지 않을까.

부유하고 그렇지 않고의 차이는
생활이 좀 더 편한가 그렇지 않은가일 뿐

행복의 척도일 수는 없다.
물질의 소유로 행복의 서열을 정한다면
우주에서 가장 불행한 분은 무소유의 부처님일 것이다.

사치를 향한 경쟁의 끝은 허무함이다.
금과 은으로부터 행복은 오지 않는다.

선망의 또 다른 발현,
꿈을 이루기 위해 누군가를 선망의 대상으로 삼는 것은
긍정의 결과를 불러오는 마중물이 된다.

선망의 대상으로 삼았다는 것은
앞으로 걸어가야 할 길이 분명해졌다는 것이다.
이는 인생의 항로에서 흔들리지 않는 기준점,
북극성이 된다.
내가 동경하는 그곳은
언젠가는 다다라야 할 곳이자 뛰어넘어야 할 대상이다.
아름다운 선의의 경쟁이다.

선망은 양면의 칼날이다.
부러움의 늪에 빠진 허영의 경쟁은 열등감만 키우고

꿈을 위해 선망의 대상을 좇는 것은 성장의 동력이 된다.

어떤 일에 머리를 빠트릴 정도로 열심이라는 몰두(沒頭)
무엇에 몰두하고 있는 사람의 얼굴을 보고 있자면
'참 멋있다.'라는 생각이 든다.
어느새 그 사람의 열정을 선망하고 있는 나를 발견한다.

인생의 기로에 서다
岐路

가끔은 스무 살의 나에게 물어본다.
그때 그 분야에 뛰어들었다면 30년이 지난 지금의 나는
어떤 사람이 되어 있을까?

갈림길 기 岐
길 로 路

인생은 기로의 연속이다.
어느 길을 선택하느냐에 따라 운명이 바뀐다.

시간은 단 1초도 돌아갈 수 없는 영원한 직진성
이보다 엄격하고 잔혹한 것이 또 있을까?

옳았든 잘못되었든
순간 속에서 최선을 찾으려 노력했다면
그것으로 가치는 있으리.

때로는 길을 잘못 들어 멀리 돌아와야 했다.
눈 감고 싶은 후회와 반성이 있었고
하늘을 오를 듯한 쾌재도 있었다.
흑백의 명암이 얽히고설키는 것이 인생이리라.
인생에 어찌 밝은 것만 있으리.

삶은 선택의 연속이다.
가느냐? 마느냐? 하느냐? 멈추느냐?
인생을 살아가며 늘 선택의 순간 앞에 서게 되는 것은
어쩌면 기회일 수 있다.

잘못된 방향을 바로잡을 기회
아직 늦지 않았음을 확인할 기회
나락에서 다시 솟아오를 마지막 기회

태초부터 세상을 움직이는 힘이 있어
중요한 순간마다 나를 岐路(기로)에 서게 하며
끊임없이 기회를 준다.

삶이 다 할 때까지
최선을 다해야만 하는 이유가 여기에 있다.

서거하다
逝去

언어에는 품격이 있습니다.
그 품격을 보았을 때 감탄을 하게 됩니다.
나는 재주가 모자라
그것을 보지 못하고 지나쳐 왔습니다.

언어의 품격을 자신의 것으로
흡수한 사람의 말에는 끌림이 있습니다.
대화를 나눌수록 그의 감춰진 매력에
점점 빠져들게 됩니다.
'인상이 좋지 않네.'라던 불호(不好)가
개성 만점의 극호(極好)로 바뀌어
급기야는 짝사랑에 빠질 수도 있을 만큼
언어는 치명적인 무기가 될 수 있습니다.

言語 언어
사람이 태어나고 자라서 삶을 마칠 때까지
자신의 색깔을 표현하는 것 중의 하나입니다.

나는 어떤 색깔로 지금까지 살아왔을까?

하루를 더 산다는 것은 한 계단 더 나아져야 한다는 것

내일은 조금 더 부드럽고 중후하고

차분한 언어의 옷을 입으려 노력할 것입니다.

逝去

갈 서, 갈 거

서거는 '죽다'의 높임말입니다.

길을 뜻하는 辶와

도끼로 나무를 꺾는다는 折이 더해져

갈 서 逝가 되었습니다.

인생의 길이 끊어져서 새로운 길을 간다는 뜻입니다.

다음 생으로 가는 것일까.

알 수 없는 차원으로 들어가는 것일까.

영원한 안식을 위해 자연으로 돌아가는 것일까.

천상병 선생님의 시 「귀천」의 한 구절이 생각납니다.

"아름다운 이 세상 소풍 끝내는 날

가서, 아름다웠더라고 말하리라……."

그의 화려한 여성 편력
遍歷

한 여자를 사랑했던 남자가 있습니다.
그녀와의 사랑은 맹렬했습니다.
모든 것을 태워버렸지요.
행복한 결말에 도달했으면 좋았을 것을
둘은 예기치 못한 이유로 헤어지고 말았습니다.
여자는 새 사람을 찾았고
남자는 옛사랑을 가슴에 품었습니다.
평생을 홀로 살며 못 이룬 사랑을 그리워했습니다.

어리석은 것일까.
가슴에 난 상처만큼 사랑이 깊었던 것일까.

부러울 정도로 연애를 잘하는 친구가 있다.
잘생긴 편도 아니고 특별한 매력을 지닌 것도 아닌데
유독 여자들에게 인기가 많다.
별 볼 일 없다고 생각하는 것은 남자들의 착각이었을까?
여자들의 눈에 비친 그 사내는

손이라도 한 번 잡아보고,
말이라도 한 마디 걸어보고 싶은
매력적인 남자일지도 모른다.

그는 늘 여자친구가 바뀐다.
양다리는 아마추어의 세계일 것이다.
그는 동시에 여섯 명을 사귄 적이 있다고 한다.
일주일에 하루는 쉬어야 해서 일곱 명을 안 채웠다나?
양을 보고 침을 흘린다는
부러울 선 羨 글자가 생각나는 일이다.

다양한 경험을 하다
두루두루 거친 역사가 자못 화려하다는 뜻의 글자가
편력이다.

遍歷
두루 편, 지날 력

여성 편력이 있으면 남성 편력도 있을 터.
남자인 나로서는 여자들의 남성 편력이
어떤 식으로 행해질지 언뜻 상상이 안 간다.

쇼킹 그 이상의 판타지라도 있을까?
궁금증이 구름처럼 일어나지만 그대로 묻어두겠다.
아무것도 모르는 상태에서 피워내는 상상력의 끝은
간혹 극한의 쾌락에 닿을 수 있으니.

나는 단 한 번의 사랑을 해서 결혼을 하고
지금 이날까지
내 사랑 그레이스에게 사랑의 충성 맹서를 하고 있다.
이성 편력이 대단한 사람들에게는
못난 사람으로 보이겠지만
나는 나대로 충만함에 만족하고 있다.

나의 그레이스,
당신은 나의 우주
달이 지구를 바라보고 있듯이
나의 사랑은 언제나 그대를 향해 있다.
불멸의 중력이 나를 당신께 이끌리게 한다.
나는 당신이라는 블랙홀에 빠졌다.

미래의 색이 푸른 이유
未來

아직 오지 않은 날, 미래라고 한다.
아닐 미 未
올 래 來

未來는 영원히 오지 않는다.
오늘의 미래는 내일의 미래가 되고
내일의 미래는 미래의 미래가 된다.

아직 오지 않았기에
희망을 꿈꿀 수 있다는 기대감이 생긴다.

가슴이 부풀어 오른다.
내일 來日의 나의 모습을 그려본다.
분명 전진했을 것이다.
내세우지 않아도 따뜻한 시선에 감싸여 있을 것이다.

미래의 색을 말한다면 푸를 청 靑
푸름은 상쾌하다.
푸름은 맑음이다.
푸름은 희망이라고 하지 않을 이유가 없는 칼라

내일은 오늘로부터 온다.
오늘의 스펙트럼이 갈고 닦여져
내일과 내일의 푸른 미래가 만들어진다.
오늘이 중요한 이유를 찾았다.

*來日 내일 : 올 래, 날 일

점심
點心

마음에 점을 찍듯이 가볍게 먹는 음식

점 점 點
마음 심 心

사이비와 짝퉁
似而非

같은 듯 다르다.
사이비다.
같을 사 似, 말이을 이 而, 아닐 비 非

似而非가 미움을 받는 이유는 어디에 있을까?
속은 완전히 다른데 겉모양을 진짜처럼 꾸몄다.
콕 집어 반박할 수 없는 정교함과 교묘함이 있다.
참이 아닌 것을 진리로 믿게 한다.
거짓된 진리에는 신선함이 있다.
그 새로움에 사람들은 열광하고 몸과 마음을 바친다.
현혹이 된 것이다.

사이비와 비교되는 것 중에 짝퉁이 있다.
원조를 모방한 것을 말한다.
고상한 말로는 아류 亞流, 가품 假品, 이미테이션,
기술 분야에서는 야매라고 부른다.
짝퉁을 찾는 이유는 가성비에 있다.

價性比라고 쓰는데
가격 대비 성능의 비율이 좋다는 뜻이다.

짝퉁은 처음부터 자기의 정체를 밝힌다.
"나는 진짜가 아니에요."
"저렴한 비용으로 진짜와 비슷한 만족을 드려요."

이러한 짝퉁의 솔직한 고백은
진짜에 비해 완성도가 떨어지는 어설픔과
불량의 문제를 눈감게 해준다.

반면에 사이비는 처음부터 진짜인 척 한다.
사람들의 마음을 흐리게 하여
올바른 판단을 내리지 못하게 한다.
이런 것을 현혹 眩惑이라 한다.
현혹의 이면에는 치밀한 노림수가 깔려 있다.
믿음을 이용하여 사익을 취하기 위함이다.

글자 현 眩이 만들어진 원리를 보면
현혹의 무서움을 알 수 있다.
눈 目을 검게 玄 칠한다는 뜻이다.

사이비의 유래는 공자님의 말씀에서 나왔다.
"나는 같고도 아닌 것(似而非)을 미워한다."

조조할인, 유비는?
早朝割引

영화 보러 가는 길은 기대감으로 가득하다.

나의 영화 선택법은 간단하다.
상영 리스트에 올라온 포스터들을 끝까지 훑어본 후
느낌이 오는 영화를 예매한다.
대개 끄트머리에 있는 비인기작이 선택되는데
배우, 감독, 시나리오 등의 정보는 전혀 보지 않는다.
혹시라도 엉겁결에 영화 정보가 눈에 들어올까 봐
힐끔힐끔 샛눈을 뜰 정도이다.

사전 정보가 전혀 없는 상태에서 영화를 보면
모든 것이 새롭고 충격적이다.
아! 이런 내용이었구나.
저 배우가 나오는 거였어?
내가 좋아하는 근세풍 영화였다니….
생각지도 못한 즐거움에 배리 나이스를 연발한다.

완벽한 미지의 이야기 속으로 빠져들게 된다.
무방비 상태에서 소나기에 두들겨 맞듯

엔딩 크레딧이 올라갈 때쯤의 내 심장은
파닥거리는 날것의 신선함으로 가득 채워진다.

감동이란
뜻밖의 낯선 것으로부터 푹 찔려 들어올 때
숨 멎는 묵직함이 있다.

조조할인이라는 것이 있다.
早朝割引

일찍 조(早), 아침 조(朝)가 합쳐진 단어로
아침 일찍 영화를 보는 분께
할인(割引)을 제공해 드린다는 마케팅 전략이다.

꿈 많던 어린 날
영화 쪽 일을 해보고 싶었던 적도 있었다.
그렇게 영화를 좋아하는 나였지만

올빼미 생활이 천성이라 심야 영화는 더러 보았어도
조조영화를 본 적은 한 번도 없다.

생각해 보면 조조와는 친하지 않았던 것 같다.
회사를 다닐 때도 3분 지각이 늘상이었고
『삼국지』를 읽으면 두리뭉실하고 똑 부러지지 못한
유비에게 끌렸으니까.

아침형 인간과 거리가 한참 먼 나는
어떤 계기로 인해 생활 패턴을 바꿔보려고 노력했지만
태생적인 본능은 개조가 불가능함을 알았다.
성실한 삶이란 하루를 시작하는 시간의 늦고 빠름으로
판단할 문제는 아니라 생각한다.

눈 떠 있는 시간은
아침형 인간이나 야행성 인간이나 비슷하다.
그 깨어있는 시간 동안
얼마나 치열하고 빈틈없이 삶을 살아냈느냐에 따라
인생은 달라진다.

그래도 궁금은 하다.
남들은 출근 전쟁을 치루는 평일 아침
느긋하게 티켓을 끊고 영화관으로 입장하여
오롯이 조조영화의 호사를 누리는 것은 어떤 기분인지.

*소설 『삼국지』의 주인공 조조는 曹操라고 씁니다.

4장

지혜의 깊이

행방불명이 된 진실을 찾아 탐험을 떠난 허클베리핀은 지금은 어느 별에서 달님과 이야기하고 있을까? 삶은 차원(次元)을 넘나드는 여행자. 낯선 물음에 답을 찾는다.

염병이 욕이 된 이유
染病

과학이 발달할수록
가장 혜택을 많이 보는 분야가 의학인 듯하다.
물론 지금도 고칠 수 없는 병이 존재하지만
예전처럼 전염병에 의해
수많은 사람이 목숨을 잃는 일은 사라졌으니 말이다.

까마귀 마스크를 쓴 역병 의사의 그림으로 유명한
중세 유럽의 흑사병은 인구의 절반가량을 죽게 만들었고
심한 곳은 사망률이 90%에 이르렀던
치명적인 전염병이었다.
전염성과 치사율이 모두 높아 피해가 컸고
발병에서 죽음에 이르는 시간이 불과 6시간이었다고 하니
그 공포스러움은 짐작조차 할 수가 없다.

전염병의 참상은 예전의 우리 또한 다르지 않았다.
한 번 걸리면 그 자리에서 죽어나가던 끔찍한 역병은
이 마을에서 저 마을로 들불처럼 번져나가

온 나라를 발칵 뒤집어 놓았다.
나쁜 귀신이 병을 몰고 온다고 믿어
제단을 쌓고 하늘에 제사를 지냈다고 한다.
오죽 답답했으면 그렇게라도 했을까.
그 시절은 철학의 시대이지 과학의 시대가 아니었기에
눈에 보이지 않는 전염병의 원인을 알 수가 없었다.
병의 원인을 모르니 치료법도 없었다.

할 수 있는 것은 모든 길을 끊어서
병이 더 이상 퍼지지 않게 하는 것이었다.
길이 막히면 사람의 발도 묶여 더 이상 오갈 수 없게 된다.
멀쩡한 사람도 병 걸린 마을에 있었다는 이유만으로
밖으로 나올 수 없었다.
그렇게 길을 잘라버리고 사람과 가축의 출입을 막은 후
그 안의 모든 것을 불태워 없애버렸다.
아비 지옥과 귀환 지옥이 눈 앞에 펼쳐진 것이다.

傳染病
전염병은 옮는 병이라는 뜻이다.

傳 전할 전
染 물들 염
病 병 병

사랑하는 사람에게 죽음을 옮긴다는 것만큼
무서운 형벌이 또 있을까?

보고 싶어도 볼 수 없고
돌봐주고 싶어도 허락되지 않는 몹쓸 전염병은
육신의 병이 마음까지 무너지게 하는 재앙이었다.

그래서 욕이 되었을 것이다.

'이런 염병'
아무것도 할 수 없는 인간의 나약함이
고스란히 묻어나는 한탄의 욕.

'염병할'
사랑하는 이를 안아주지 못하고 등 돌려야 하는
눈물 서린 안타까움이 배어나는 욕.

불과 몇 년 전

역사책에 나오던 팬데믹이 재현되었다.

어둠의 긴 터널을 빠져나오며 우리는 알게 되었다.

햇살 아래 산책을 하고

팝콘을 먹으며 영화를 보았던 평범한 일상이

신의 선물이었다는 것을

물 흐르듯 자연스러운 법
法

너와 나
약속을 만들자.
이것은 하며 살고
저것은 하지 말자.

사람이 어울려 살면서 이런저런 약속을 하게 되었는데
이를 *法* 법이라고 불렀다.

*法*은
물이 흘러가다는 뜻으로 만들어진 글자이다.
水 + 去

위에서 아래로 물이 흐르듯
법은 자연의 순리를 거스르지 않는
사회적 약속이어야 한다.

법에 대한 여러 해석이 가득하다.
나는 법학자가 아니다.
그러나 마음에서 전해져오는 울림은 들을 수 있다.

상식이 아닌 것이 상식으로 둔갑을 한다거나
옳지 않은 것이 옳은 것을 억누르는 것은
자연의 물 흐름이 아니지 아니한가?

먼 옛날, 순수의 시대에는
몇 개의 약속만으로도
이 세상은 순조롭게 운행을 했을 것이다.

서로의 이해가 복잡해지고
타락으로 더럽혀질수록
세상을 바로잡을 잣대는 늘어만 갔다.

나는 꿈꾼다.
규범이 필요치 않은 세상을
법이 없어도 평화로운 너와 나의 공존을

긍정이라고 읽는다
肯定

답이 정해져 있으면 좋으련만
세상일은 한 치 앞도 예상하기 어려워서 문제.

두 타입이 있다.
긍정적인 사람과 부정적인 사람

나는 꽤 긍정적이다.
일말의 가능성만 있으면 된다는 생각이 든다.
무모하다 할지 모르지만, 성공은 도전하는 자의 몫이다.

전문 분야가 아닌 일에 도전했을 때에는
그 대가를 치러야 한다.
생각지도 못한 난관에 가로막히는 것이다.

심장이 덜컥 내려앉는다.
초조한 마음에 덮고 싶지만 이대로 끝낼 수는 없다.
돌이킬 수 없는 곳까지 와 버렸으니

억지로라도 앞으로 끌고 나가야 한다.

두 근 반 세 근 반 뛰는 가슴을 달래며 해결책을 찾는다.

인맥을 총동원한다.

할 수 있는 모든 수단을 강구한다.

험난한 길을 지나고 나서야 해결이 된다.

저지르고 수습한 일을 뒤돌아보면

이것을 어떻게 했나 싶다.

스스로 대견한 마음에 웃음이 번진다.

별것 아닌 일이었지만 내 손으로 해내고 말았다는

작은 성취감이 행복으로 피어난다.

肯定

긍정이라고 읽는다.

즐길 긍 肯

정할 정 定

받아들이고 즐겼다는 것

가만히 돌아보면

긍정적인 사람이 손해 볼 일은 그리 없다.
도전에 성공했다면 그 자체로 기쁨이고
실패를 했다 하더라도 값진 경험을 얻었을 테니
그것으로 가치는 충분하리라.

할까? 말까?
망설이다 기회를 놓치지 말자.

해 보지도 않고 후회하는 것보다
화끈하게 도전하고 후회하는 편이 낫다.

4장 지혜의 깊이

불한당과 건달
不汗黨, 乾達

"이런 불한당 같은 놈을 보았나!"

말의 어감에서조차 불량함이 묻어 있다.
불한당이라니?
무슨 뜻일까?

不汗黨
아니 불, 땀 한, 무리 당
땀을 내지 않는 사람들이다.

표현이 고급스럽다.
분명 욕을 하는 것인데 상스럽지 않다.

땀을 안 낸다는 것은 일을 안 한다는 것이다.
고관대작이나 갑부의 자식이 아니고서야
일 안하고 놀고먹을 수 있는 방법은
예나 지금이나 하나밖에 없다.

공갈, 갈취, 협박, 사기 등으로 남의 것을 빼앗는 것이다.
부끄러움을 모르는 파렴치한 인간들이다.

이런 무리들을 칭하는데
불한당이라는 점잖은 표현을 썼다.
참 멋스럽다.
발상력에 운치가 보인다.
이 멋진 말을 만든 분과 같은 시대를 살았더라면
술 한 동이 짊어지고 찾아가
밤새 이야기를 나눠보고 싶다.

요즘에도 불한당 같은 인간들이 있다.
사람 사는 세상이니 없을 리가 없겠지.

지금은 건달이라고 부른다.
乾達
마른 건, 통달할 달

일을 하지 않으니 땀이 날 리가 없고
몸이 늘 뽀송뽀송하다고 해서 마를 乾(건)이 붙었다.
達(달)은 사람을 칭하는 접미사로 쓰였다.

과거에 급제하고 벼슬을 아니 한 사람을
先達(선달)이라고 하고,
일본어로 친구를 토모다치(友達)라고 하는 데서
達의 쓰임새를 유추할 수 있다.

종합하자면,
건달은 땀을 흘리지 않고 놀고먹는 현대판 불한당이다.

윤회가 있어 다시 한번 세상 밖으로 던져진다면
할 일 없이 놀고먹는 금수저보다는
창의와 열정으로 세상을 바꾼 스티브 잡스가 되고 싶다.

허락을 면하노라
免許

⟨007 살인면허⟩

제임스 본드의 코드명은 007,
영국 비밀정보국 M16의 1급 첩보요원이다.
세계를 무너뜨리려는 악당들에 맞서
종횡무진 세상을 누빈다.

코드명의 00은 살인 면허를 뜻하고
7은 살인 면허를 받은 일곱 번째 사람을 말한다.

면할 면 免

허락할 허 許

免許는 허락를 면제해 준다는 뜻이다.

일반인에게는 허가되지 않은 일을
일정 자격을 취득하면

일일이 관계 기관에 허락을 받지 않아도
자유롭게 할 수 있다는 것이다.

'허락을 얻었다'고 하지 않고
'허락이 면제되었다'고 하는 것이 인상적이다.

면제 두 글자에 방점이 찍힌 것에서 자유가 느껴진다.

인간은 원초적 자유의 존재
마음의 나침판이 가리키는 그곳으로 달려가자.
자유의 날개를 활짝 펴고

4장 지혜의 깊이

푸른 봄의 만끽, 이팔청춘
二八靑春

언어는 자기만의 캐릭터가 있습니다.
청춘이라는 단어가 그렇습니다.

청. 춘.
두 글자가 고막에 부딪히면
머릿속은 온통 초록의 벌판으로 바뀝니다.
끓어 넘치는 비커가 연상되고
쭉쭉 뻗어나가는 나무줄기가 백 배속 영상으로
생생하게 펼쳐집니다.

열정과 성장
패기와 낭만
무모한 도전과 눈물 나는 꿈
이런 수식어가 찰싹 달라붙는 언어
靑春입니다.

둘 이 二
여덟 팔 八
푸를 청 靑
봄 춘 春

이팔청춘은 푸른 봄의 시작입니다.
2 二와 8 八을 곱한 것으로 16세를 표현했습니다.
남자의 왕성한 혈기와 정열이 분출되기 시작하고
여자의 아름다움이 꽃을 피우는 나이
二八靑春

화랑 관창이 목숨을 두려워하지 않고
황산벌을 누볐던 나이가,
이몽룡과 성춘향이 불꽃같은 사랑을 나눴던 때가
이팔청춘의 16세라고 합니다.

청춘의 시작이 이팔청춘이라면
청춘의 끝은 언제일까요?

당신이 아직도
분홍 팝콘의 체리 블라썸에 뭉클해지고

푸른 바다를 질주하는

밀짚모자 일당의 모험에 가슴이 뛴다면

당신은 여전히 이팔청춘입니다.

*밀짚모자 일당이라는 묘사는 애니메이션 <원피스>의 주인공 루피와 동료들을 상상한 것입니다.

당신의 이름은?
姓銜

드미트리 쇼스타코비치

브래드 피트

미야자키 하야오

심찬용, 심진용

요즘은 누구나 이름을 가지고 있다.

불과 백 년 전만 해도

이름 없이 살아가는 사람들이 많았다고 하니

그만큼 인권이 성장한 증거일 테다.

이름에는 두 종류가 있다.

가문을 상징하는 것과 자신을 나타내는 것

가문의 이름을 姓(성)이라 하고

자신의 이름을 名(명) 또는 銜(함)이라고 한다.

두 이름을 합쳐
성명 또는 성함이라고 부른다.

姓(성)은 성씨라고도 하는데 가문의 이름이다.
姓 글자를 해체해 보면
여자 女와 태어날 生이 합쳐져 있다.

우리는 어머니로부터 태어나는 존재
고대에는 여자만이 姓(성)을 가질 수 있었다.
이것이 가족의 이름, 가문의 이름,
더 나아가 씨족의 이름이 된 것이다.

가문의 이름을 받았으니
본인의 이름도 있어야 하겠지.
이 세상 단 하나의 존재
자신을 이름하는 것이 名(명)이다.

姓은 심이고, 名은 찬용입니다.
심씨 가문의 진용입니다.
이렇게 '심찬용, 심진용'이라는 성명이 탄생한 것이다.

개인의 이름은 名(명) 대신 銜(함)이라고도 한다.
姓에 名이 붙으면 성명이 되고,
姓에 銜이 붙으면 성함이 된다.

銜(함)이라는 글자가 재미있다.
함은 말의 고삐를 매기 위해 입에 물려놓은 재갈이다.
입 안에 물려있는 재갈처럼
자신의 이름도 입 안에 머물다 밖으로 나온다는 뜻이다.

이름이 있다는 것은
하나의 소중한 인격체로서
언제 어디서나 존중 받아야 함을 의미한다.

그의 이름을 묻는 것은
한 사람의 존엄한 존재로 받아들이겠다는 다짐이다.

이름에 먹칠을 하느니
차라리 죽음을 택하겠다는 것은
이름에 담긴 명예와 긍지를 소중히 하겠다는 표명이다.

What's your name?

君の名前は

당신의 이름은?

내가 밟아 온 길, 이력
履歷

내일이다.
그 치열한 승부를 뚫고 드디어 최종 면접까지 왔다.

面接
얼굴 면, 접할 접

서로의 얼굴을 마주 본다는 것
스펙은 괜찮은데 인상이 어떤가 한 번 보아야 한다.
감당 못 할 몽타주라면
사장님 이하 전 직원이 곤란할 것이니
이러저러한 이유로
인재를 뽑는 최종 관문은 예로부터 면접이 되었다.

면접관 앞에는 하나의 서류가 놓여 있다.
그 종이에는
태어난 곳, 자란 곳, 다녔던 학교는 물론
주요 활약상과 자격 사항, 특이 사항에 능력 사항까지

그의 모든 것이 총망라되어 있다.

이력서이다.
履歷書
밟을 이, 지날 력, 글 서
한 사람이 나고 자라 지금까지 밟아온 일대기가 적혀 있다.

歷이 들어간 대표적인 글자가 역사(歷史)이다.
하루하루가 모여 찬란한 역사가 만들어지듯
개인의 이력 또한 하루하루가 중요하다.

땀으로 채워진 하루
열정으로 빛난 하루
꺾이지 않는 기개로 버틴 하루
기필코 이루고 싶다는 열망으로 마음 졸였던 하루
어떠한 일이 있어도 성공하겠다는 불굴의 하루

그 무엇보다
사랑으로 충만했던 당신과 나의 수많은 하루

뭉클하고 반짝이는 모든 하루가 모여

지금의 멋진 당신이 되었다.

지금까지 걸어온 길
앞으로 새롭게 열어갈 길
당신의 이력은
이 순간에도 업데이트되고 있다.

유혹 매혹 고혹으로 홀리다
誘惑 魅惑 蠱惑

쟁취하고 싶은 남자가 있다.
기필코 마음을 사로잡고 말겠다.

첫 단계를 구사한다.
꿀이 뚝뚝 떨어지는 달콤한 말을
짜릿한 입김에 담아
그의 귓불에 닿을 듯 말 듯 찔러넣는다.
유혹(誘惑)이라고 한다.

誘 꾈 유
惑 미혹할 혹

誘는
말씀 언 言에 빼어날 수 秀가 결합되었다.
빼어난 말로 상대방을 꾀어내어
정신을 혼미하게 하는 것이다.

말이 안 통하는 상대도 있는 법

두번째 필살기를 꺼내야 할 때가 왔다.

매혹(魅惑)이다.

구태여 말을 하지 않아도 얼굴만 보여도 마음을 뺏는다.

이성으로는 설명할 수 없는 끌림이다.

마치 귀신의 조화처럼 홀린다고 해서 매혹이라고 한다.

매혹적인 그녀 앞에서는

어떤 사내든 무릎을 꿇고 사랑을 애걸하리라.

魅 매혹할 매
惑 미혹할 혹

魅는

귀신 귀 鬼와 아닐 미 未로 이루어졌다.

귀신에 홀린 것처럼 그 누구도 거부할 수 없다.

유혹과 매혹을 뛰어넘는 초절정의 홀리는 기술이 있으니

이를 고혹(蠱惑)이라고 한다.

蠱 뱃속벌레 고
惑 미혹할 혹

그녀를 보는 순간 뱃속에는 욕망의 벌레가 심어진다.

사랑을 갈망하는 본능은 이성을 짓눌러버리고

그녀를 갖고 싶은 절망적 욕정과 애절함

거부할 수 없는 복종만이 남겨져 있을 뿐이다.

蠱惑 고혹

이 보다 더 악마적인 홀림이 있을까.

쾌락을 맛보다 죽는 느낌은

황홀일까?

절망일까?

홀린 듯 이끌려 들어간 위스키 바

코끝을 파고드는 아찔한 향취에

심장은 서서히 두근거린다.

고혹적인 그녀와 무언의 대화를 이어간다.

눈빛에 감정과 욕망을 담아 보낸다.

오늘 밤

그녀와 깊고 깊은 키스를 나눌 것이다.

하룻밤 사랑으로 모든 것을 잃는다 해도

결코 후회하지 않으리.

추잡하다
醜雜

술자리에서 흔히 볼 수 있는 장면 중 하나,
같은 이야기가 끊임없이 반복된다.
한참을 들어주었다.
결론이 났으니 이제 다른 이야기로 넘어가겠지?라고
짐작하는 순간
악보의 도돌이표처럼 처음으로 다시 돌아간다.
아~
나무아미타불 관세음보살.

언행이나 옷차림이
더럽고 흉한 것을 추잡하다고 한다.

醜 추할 추
雜 섞일 잡

추할 추 醜는
술 酉에 귀신 鬼이 합쳐진 글자이다.

고주망태로 술에 취하면
사람이 아니라 귀신의 자식처럼 더럽고 추하다는 뜻이다.

섞일 잡 雜은
나무 木에 여러 색깔의 새 隹가 앉아 있어
정갈하지 못하고 지저분하다는 뜻이다.

추잡 醜雜
추하고 잡스러운 것이다.

추잡함은 스스로 볼 수가 없다.
상대방의 티끌만 한 결점은 금방 눈에 띄어도
자신의 얼굴에 묻은 흉과 똥은 보지 못한다.

거울을 보듯
나의 행동을 되돌아본다.
나이가 들어갈수록 매너리즘에 빠지기 쉽다.
이쯤이야 뭐…. 라는 생각이 거듭 될수록
젊은 날의 날카로움과 의기로움은 사라지고
추함만이 이끼처럼 들러붙는다.

꼰대가 그런 것이다.

조예가 깊다
造詣

윤오영 선생님의 수필 『방망이 깎던 노인』이 생각난다.

한평생 방망이를 깎았으니
다른 것은 몰라도
그 일만큼은 누구에게도 뒤지지 않았을 것이다.

이런 것을 '조예가 깊다.'라고 한다.

造詣
지을 조, 이를 예
무엇을 만들다 보면 독창적인 경지에 다다른다는 뜻

흐릿한 비석의 문자를 척척 읽어내는 금석학자와
소리만 듣고도 엔진의 이상을 알아채는 자동차 명인이
그런 류의 사람들이다.

그들이 이루어 낸 독창의 세계는 특별하다.
따라 할 수 없는 아름다움이 있다.
자신의 분야에 대한 긍지와 애착이 남다르다.
이 모든 것을 아우르는 것은 일에 대한 즐김이다.

조예가 깊은 사람들의 특징이 하나 있다.
'이만하면 됐다.'는 타협이 없다.
완벽에 완벽을 더하는 집요함이 있다.
그 집요함이 모두를 경탄하게 만든다.

사소한 것이라도 완벽하게 마무리해야
직성이 풀리는 다소 불편한 성격의 소유자라면
당신은 거장이 될 기질이 다분하다.

미래의 마에스트로
당신에게 어울리는 이름이다.

백수와 백수의 꿈
百獸, 白手

20년 전, 아들이 꼬마였을 때
좋아하던 애니메이션 주제가가 있었다.

"내 어린 시절 우연히 들었던 믿지 못할 한마디
이 세상을 다 준다는 매혹적인 얘기"
- 코요태, 〈우리의 꿈〉 중에서

무등을 태운 아들과 나는 깔깔거리며
그 노래를 신나게 부르고 다녔다.
지금 생각해 보면 꿈처럼 아름다운 시절이었다.

수많은 영웅과 악당이 등장하며
많은 독자를 울고 울렸던 그 애니메이션이 연재된 지
벌써 수십 년이 흘렀다.

드디어 최종 보스가 나타났다.
무적의 그 이름, 백수의 왕 카이도

누가 물었다.

백수가 무슨 뜻이냐고?

동네에서 노는 그 백수냐고?

백수의 왕은 百獸라고 쓴다.

일백 백 百

짐승 수 獸

일백은 가장 큰 수, 많은 수를 뜻하는 것으로

百獸의 왕을 풀이 하자면

모든 짐승의 왕이라는 뜻이다.

발음은 같은데 완전히 다른 뜻의 백수가 있다.

일하지 않고 빈둥거리는 사람은 白手라고 한다.

흰 백 白

손 수 手

손이 하얗다는 뜻이다.

일하지 않고 놀고먹으니 손이 더러워질 일이 없다는 뜻

놀고먹는다는 이유만으로
백수(白手)는 주변으로부터 괜한 눈총을 산다.
나름 힘든 면이 있을 텐데
꼭 그렇게 눈총을 줄 필요가 있을까 싶다.

백수의 하소연을 들어보면
그들의 처지가 납득이 가는 부분도 있다.
일하기 싫어서 직업을 갖지 않는 게 아니라고 한다.
그동안 키워왔던 꿈을 이루기 위해
꾹 참고 기회를 기다리고 있다고 한다.

남의 사정도 모르면서
이러쿵저러쿵 말하는 것은 대부분 입방정이다.

남의 인생에 끼어들지 말자.
간섭할 권리는 누구에게도 없다.

선택의 좋고 나쁨과
판단의 옳고 그름을 정하는 기준은
그 사람에게 있다.

그의 인생은 그의 것이니까.

가슴에 칼 하나
忍

'참는다'라는 뜻을 깨닫게 해준 글자.

참을 인 忍
心 심장에 刃 칼 하나가 꽂혀 있다.

칼을 빼어 들면
칼을 꽂은 그도 죽고 나도 죽는다.

칼을 빼지 않으면
평생을 아픔 속에 살아가야 한다.

참을 것인가?
참지 않을 것인가?

결정의 순간이 늦어질수록
인고의 시간은 길어만 가고
삶을 응시하는 성찰의 깊이는 더해 간다.

밥과 반찬
餐, 飯, 饌

아침에 먹는 밥은 朝餐 조찬
오후에 먹는 밥은 午餐 오찬
저녁에 먹는 밥은 晚餐 만찬

餐 찬은 밥을 뜻한다.
아침, 점심, 저녁의 글자가 붙어
조찬, 오찬, 만찬이 되었다.

하루에 세 번
꼭 먹어야 되는 것
거르면 배고프고
나보다 엄마가 더 속상해하는 것.

격식을 갖춰 순서에 따라 나오는 正餐 정찬
산과 바다의 진기한 식재료로
푸짐하게 차려낸 珍羞盛饌 진수성찬

밥에 곁들여 먹는 음식 飯饌 반찬

정찬은 정식이다.
순서에 따라 요리가 차례대로 나온다고 해서
흔히 코스 요리라고 한다.
우리 음식으로 정찬을 만들면 한정식이 된다.

보배 진 珍을 단어 머리에 둔 진수성찬 珍羞盛饌은
산과 바다의 진기한 재료로 정성껏 만든 음식이다.
산해진미 山海珍味라는 표현을 쓰기도 한다.

밥 먹을 때 무조건 있어야 하는 것
반찬이다.
라면에 김치가 없다는 것은 상상만으로도 괴롭다.
반찬 없이 맨밥만 먹으라는 것은 고문에 가깝다.

그래서일까?
글자에도 밥과 반찬을 붙여놓았다.

飯饌
밥 반, 반찬 찬

나는 늘 아내에게 너스레를 떤다.
김치 하나만 있어도 밥 한 그릇 뚝딱
군소리 없이 비워내는 나 같은 남자 어디에 없을 거라고.

아내는 말한다.
김치 하나라도 이렇게 사랑스럽게 차려주는 여자
어디에 없을 거라고.

맛있는 인생은 사랑으로부터 온다.